Bibliografische Information der Deutschen Nationalbibliothek:

Die Deutsche Bibliothek verzeichnet diese Publikation in der Deutschen National-
bibliografie; detaillierte bibliografische Daten sind im Internet über http://dnb.d-
nb.de/ abrufbar.

Impressum:

Copyright © 2016 GRIN Verlag
Druck und Bindung: Books on Demand GmbH, Norderstedt Germany
ISBN: 9783668739871

Dieses Buch bei GRIN:

https://www.grin.com/document/431161

Johannes Veeh

Objektorientierte Softwareentwicklung. Unified Modeling Language (UML) angewendet an einem Praxisbeispiel

GRIN Verlag

GRIN - Your knowledge has value

Der GRIN Verlag publiziert seit 1998 wissenschaftliche Arbeiten von Studenten, Hochschullehrern und anderen Akademikern als eBook und gedrucktes Buch. Die Verlagswebsite www.grin.com ist die ideale Plattform zur Veröffentlichung von Hausarbeiten, Abschlussarbeiten, wissenschaftlichen Aufsätzen, Dissertationen und Fachbüchern.

Besuchen Sie uns im Internet:

http://www.grin.com/

http://www.facebook.com/grincom

http://www.twitter.com/grin_com

Inhaltsverzeichnis

Abbildungsverzeichnis .... B

Abkürzungsverzeichnis .... B

1 Einleitung 1

    1.1 Motivation 1

    1.2 Zielsetzung und Vorgehensweise 1

    1.3 Ausgangssituation 2

    1.4 SOLL-Konzept 2

2 Grundlagen 3

    2.1 Definition und Entstehung von UML 3

    2.2 Ziele von UML 4

    2.3 Diagramm-Typen in UML 4

        2.3.1 USE-CASE-Diagramm/Anwendungsfalldiagramm 5

        2.3.2 Klassendiagramm 6

        2.3.3 Sequenzdiagramm 7

3 Anwendung von UML im Praxisbeispiel 8

    3.1 USE-CASE-Diagramm/Anwendungsfalldiagramm 9

    3.2 Klassendiagramm 10

    3.3 Sequenzidagramm 11

4 Rolle der Diagramme im objektorientierten Entwicklungsprozess 12

5 Fazit 13

Literaturverzeichnis I

Abbildungsverzeichnis

Abb. 1:	Überblick der UML-Diagrammtypen	5
Abb. 2:	Bestandteile des Anwendungsfalldiagramms	6
Abb. 3:	Bestandteile des Klassendiagramms	7
Abb. 4:	Bestandteile des Sequenzdiagramms	8
Abb. 5:	Praxisbeispiel als Anwendungsfalldiagramm	9
Abb. 6:	Praxisbeispiel als Klassendiagramm	10
Abb. 7:	Praxisbeispiel als Sequenzdiagramm	11

Abkürzungsverzeichnis

OMG	Object Management Group
OOP	Objektorientierte Programmierung
SD	Sequenzdiagramm
SWE	Stark-Wachs-Elastan
UML	Unified Modeling Language

1 Einleitung

1.1 Motivation

„Zeig mir, wie du baust, und ich sage Dir, wer Du bist."[1]

Was Morgenstern schon vor über 100 Jahren über die Planung von Häusern wusste, das gilt auch heute für die Modellierung von Software. Bevor die eigentlichen Bauarbeiten beginnen, setzt sich der Bauherr zunächst mit dem Architekten zusammen und klärt mit ihm möglichst genau, wie sein Traumhaus aussehen soll. Diese Überlegungen müssen zwingend vor dem Bau des Hauses erfolgen, um während der Bauphase bittere Enttäuschungen, Rückschläge und Verzögerungen bis zur Fertigstellung zu vermeiden.[2] Damit die Wünsche des Bauherrn für alle Beteiligten schriftlich fixiert werden können, bedarf es Pläne und Zeichnungen des neuen Eigenheims. Erst nachdem der Bauherr die Sicherheit erlangt hat, dass der Architekt alle seine Wünsche korrekt erfasst hat, gibt er ihm grünes Licht, um mit den eigentlichen Bauarbeiten zu beginnen.

Eine sehr ähnliche Vorgehensweise ist auch in der Softwareentwicklung notwendig, um stabile und zuverlässige Systeme zur realisieren. Um auch hierbei für den Auftraggeber, den Softwarearchitekten und die Programmierer eine einheitliche Darstellung des angestrebten Ziels zu schaffen, wurde in den letzten Jahrzehnten viel Mühe und Zeit in die Entwicklung von Unified Modeling Language (UML) gesteckt.[3] Diese Arbeit möchte daher dem Leser einen Einblick in UML verschaffen und anhand einer Aufgabenstellung einen Praxisbezug herstellen.

1.2 Zielsetzung und Vorgehensweise

Um den Einsatz von UML in der Praxis aufzuzeigen, besteht das Hauptziel der vorliegenden Arbeit darin, die UML anhand des unter Punkt 1.4 beschriebenen SOLL-Konzepts für ein individuelles Verkaufssystem im Unternehmen S-W-E anzuwenden. Um dieses Ziel zu erreichen, wird das Fallbeispiel als USE-CASE-, Klassen- und Sequenzdiagramm dargestellt. Der Aufbau der Diagramme wird dabei textuell näher erläu-

---

[1] Morgenstern, Christian (1871 – 1914): Deutscher Dichter, Schriftsteller und Übersetzer. Besondere Bekanntheit erreichte seine komische Lyrik, die jedoch nur einen Teil seines Lebenswerkes ausmacht
[2] Vgl. Kecher (2009), S. 13
[3] Vgl. Grechenig et al. (2004), S. 194

tert und begründet. Daraufhin geht der Autor der Frage nach, welche Rolle die verwendeten Diagramme im Rahmen des objektorientierten Entwicklungsprozesses spielen.

Zunächst wird im allgemeinen Teil der Arbeit der Begriff UML definiert und ein geschichtlicher Hintergrund geliefert. Danach werden die Ziele, die durch die Anwendung der Diagramme verfolgt werden, aufgezeigt. In Kapitel 2.3 geht der Autor auf die im Praxisbeispiel verwendeten Diagrammtypen ein. Es folgen die auf die Aufgabenstellung anzuwendenden drei UML-Varianten USE-CASE-, Klassen-, und Sequenzdiagramm mit einer inhaltlichen Beschreibung. Danach wird die Frage beantwortet, welche Rolle die verwendeten Diagramme im Rahmen des objektorientierten Entwicklungsprozesses haben. Abschließend wird die vorliegende Arbeit kurz zusammengefasst und ein Fazit daraus gezogen.

1.3 Ausgangssituation

Das mittelständige Unternehmen S-W-E fertigt und vertreibt direkt Stark-Wachs-Elastan (SWE). Momentan wird für die Prozesse ein Standard-Softwaresystem verwendet, das die Anforderungen für die sehr unternehmensspezifischen Abläufe im Verkauf nicht ausreichend erfüllen kann. Da in der IT-Abteilung des Unternehmens vier Software-Entwickler beschäftigt sind, ist eine Eigenentwicklung des neuen Verkaufssystems SWE-SD geplant. Es soll Verkäufe aufnehmen und Zahlungen abwickeln, um den finanziellen Mehraufwand von 50.000€ im Jahr durch das aktuelle System zu kompensieren. Wegen diesen Anforderungen ist ein kompletter Neuentwurf der Software und der dazugehörigen Datenhaltung notwendig.

1.4 SOLL-Konzept

Kunden können im Rahmen einer Online-Bestellung die gewünschte Stark-Wachs-Elastan-Konfiguration eingeben. Zur Kaufdurchführung sind danach die Kundennummer sowie ein kundenspezifischer Geheimcode einzugeben. Der Auftrag wird bei vorhandenem Bestand an die Lagerverwaltung weitergegeben und der Betrag per Bankeinzug beim Kunden abgebucht. Der Versand der Ware wird veranlasst. Ist die gewünschte Konfiguration nicht vorhanden, geht nach einer Rückfrage beim Kunden hinsichtlich einer dreiwöchigen Lieferzeit ein Auftrag an die Produktion. Nach erfolgter Produktion erfolgt der Verkauf analog. Neben der Einkaufsmöglichkeit sollen alle Kunden mit ihrer Kundennummer und ihrem Geheimcode auch eine Liste aller Bestellungen sowie den aktuellen Bestell- und Bezahlstatus erfragen können.

Die Anwendung benötigt dabei Schnittstellen zu verschiedenen Dienstanwendungen, wie beispielsweise zu einer Finanzsoftware oder zu der Lagerbestandskontrolle. Das SD-System hat auch hohe Fehlertoleranzansprüche. So soll selbst bei einem temporären Ausfall des Lagersystems die Anwendung noch immer in der Lage sein Verkäufe und Zahlungen abzuwickeln.

2 Grundlagen

2.1 Definition und Entstehung von UML

Die UML, auf Deutsch „vereinheitlichte Modellierungssprache", ist die erfolgreiche Einführung einer Standard-Modellierungssprache für die Softwareentwicklung durch die Object Management Group (OMG) in den 1990er Jahr. Da es sich bei der OMG um ein Industriekonsortium handelt, dem Mitglieder wie IBM, HP, SUN und Oracle angehören, ist die Sprache als Industriestandard anzusehen.[4]

Mit UML hat sich eine international anerkannte Sprache und Notation zur Spezifikation, Konstruktion, Visualisierung und Dokumentation von Modellen für Softwaresysteme entwickelt. Sie eignet sich aber genauso gut für die Modellierung von Geschäftsprozessen. Dabei erfüllt sie die heutige Komplexität von Systemen, deckt ein breites Spektrum von Anwendungsgebieten ab und wird für konkurrierende, verteilte, zeitkritische und sozial eingebettete Systeme verwendet.[5] Seit Juni 2015 ist sie in der Version 2.5 verfügbar.

---

[4] Vgl. Oestereich et al. (2004), S. 147
[5] Vgl. Oestereich (2012), S. 239

2.2 Ziele von UML

Da die UML auf bewährte, weit verbreitete Ansätzen aufbaut und weitestgehend aus der Praxis entwickelt wurde, bietet sie ihren Verwendern eine gebrauchsfertige, ausdrucksstarke Notation an, mit der nutzbare Modelle erstellt und ausgetauscht werden können. Von ihrem Grundkonzept ausgehend sind Mechanismen vorhanden, welche Erweiterungen und Spezialisierungen zulassen.[6]

Die einfach gehaltenen grafischen Notationselemente visualisieren die Aspekte der modellierten Systeme und erleichtern somit das Verständnis bei allen Beteiligten. Mit der UML können Softwaresysteme für jede denkbare Plattform und Programmiersprache modelliert werden. Ihre Stärken hat sie dabei in der objektorientierten Welt, kann aber auch ohne weiteres für prozedurale Sprachen verwendet werden. Dabei definiert sie mit ihren Diagrammen nur die Werkzeuge, um die Spezifizierung, Visualisierung und Dokumentation von Softwaresystemen zu erleichtern, und überlässt den Softwareentwicklern die Entscheidung, wie sie diese am effizientesten nutzen.[7]

2.3 Diagramm-Typen in UML

Seit den Anfängen der UML wurde die Spezifizierung der Diagrammtypen ständig abgeändert, was die Dokumentation in ihrer Gesamtheit in der aktuellen Version sehr umfangreich und auch komplexer gemacht hat. Einige Typen sind schon seit Anfang an dabei, andere wie beispielsweße das Zeitdiagramm wurden erst neu aufgenommen.[8] In den folgenden Kapiteln wird auf die Notation der im Praxisbeispiel verwendeten Diagrammtypen näher eingegangen. Grundsätzlich ist die UML mit ihren 14 Diagrammarten in die Bereiche Struktur- und Verhaltensdiagramme aufzuteilen. Abbildung 1 zeigt eine Übersicht aller spezifizierten Diagrammtypen in der Version 2.5 und ihre Aufgabengebiete auf.

---

[6] Vgl. Grechenig et al. (2004), S. 194
[7] Vgl. Kecher (2009), S. 16
[8] Vgl. Kecher (2009), S. 19

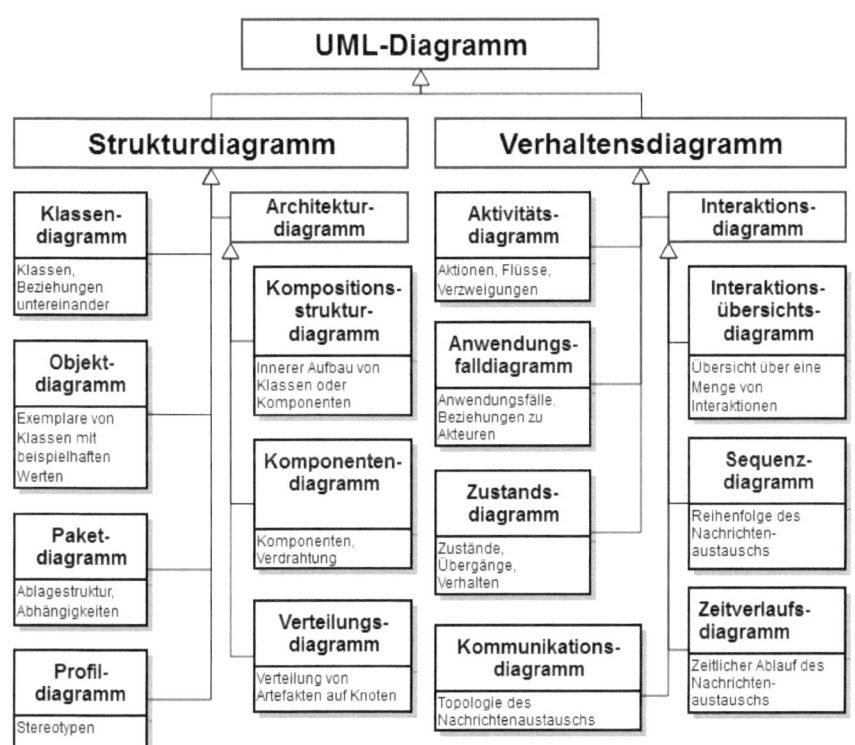

Abbildung 1: Überblick der UML-Diagrammtypen[9]

2.3.1 USE-CASE-Diagramm/Anwendungsfalldiagramm

Das Anwendungsfalldiagramm modelliert die Funktionalität des Systems und seine Schnittstellen auf einem hohen Abstraktionsniveau aus der Black-Box-Sicht es Anwenders. Dabei beschreibt es nur **Anwendungsfälle**, die das System dem **Akteur** anbietet. Die **Assoziation** verdeutlicht die Interaktion, die zwischen dem Akteur und dem Use-Case stattfindet. Akteure können dabei Menschen oder andere automatisierte Systeme sein und befinden sich stets außerhalb des **Systems**. Außerdem kann ein Anwendungsfall mit Hilfe einer **Extend-Beziehung** durch einen anderen Fall, auf den die Spitze der gestrichelten Linie zeigt, erweitert werden. Im Gegensatz zur vorangegangenen

---

[9] In Anlehnung an Oestereich (2012), S. 241

5

Assoziation, muss bei der **Include-Beziehung** der Use-Case in den ersten Fall mit ein-gebunden werden.[10] Ein **Extension-Point** stellt dabei eine Entscheidungsstelle für den Aufruf weiterer Anwendungsfälle dar. In Abbildung 2 sind die wichtigsten Notationsele-mente des Anwendungsfalldiagramms dargestellt.

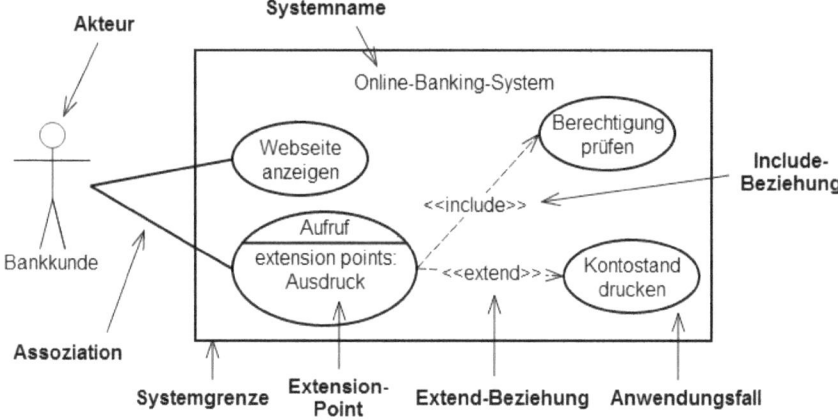

Abbildung 2: Bestandteile des Anwendungsfalldiagramms[11]

2.3.2 Klassendiagramm

Ein Klassendiagramm zeigt die statischen Bestandteile und Attribute von Systemen und deren Beziehungen untereinander auf. Es stellt somit das zentrale Konzept der UML dar und ist aus der heutigen objektorientieren Softwareentwicklung nicht mehr wegzu-denken.[12] Die Objekte der realen Welt werden als **Klassen** dargestellt und beinhalten zusätzlich auch **Attribute** und **Operationen** des Elements. Eine **Assoziation** be-schreibt eine Beziehung zwischen zwei Klassen, welche durch eine **Multiplizität** näher beschrieben werden kann. Weiter kann durch einen nicht ausgefüllten Pfeil eine **Gene-ralisierung** zwischen Klassen dargestellt werden, die der hierarchischen Strukturierung dient. Eine Spezialform der Klasse ist das **Interface**, welches aus einer Menge von Me-thodensignaturen und Konstanten besteht und vor allem zur Definition einer Schnittstel-

---

[10] Vgl. Kecher (2009), S. 197 ff.
[11] In Anlehnung an Hahn et al. (2005), S. 241
[12] Vgl. Kecher (2009), S. 29

le zwischen Systemteilen eingesetzt wird.[13] In Abbildung 3 sind die wichtigsten Notationselemente des Klassendiagramms dargestellt.

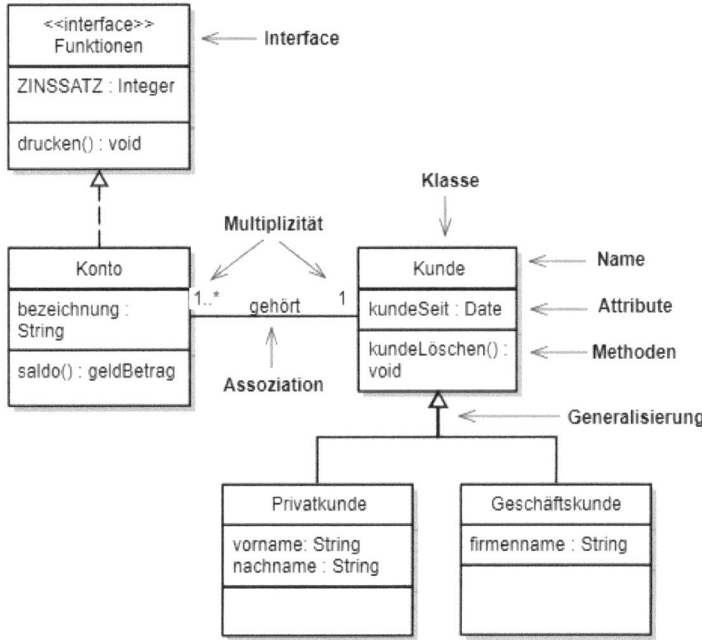

Abbildung 3: Bestandteile des Klassendiagramms[14]

2.3.3 Sequenzdiagramm

Das Sequenzdiagramm zeigt den Informationsaustausch zwischen beliebigen Kommunikationspartnern innerhalb eines Systems oder zwischen Systemen auf. Da es die Modellierung von festen Reihenfolgen, zeitlichen und logischen Ablaufbedingungen, Schleifen und Nebenläufigkeiten ermöglicht, ist es das meistverwendete Diagramm unter den Interaktionsdiagrammen.[15] Jeder **Kommunikationspartner** wird durch ein Rechteck mit seinem Namen repräsentiert, von dem eine gestrichelte Linie – die **Lebenslinie** – senkrecht nach unten führt. Diese Linie stellt die Zeitachse für das Objekt

---

[13] Vgl. Rumpe (2004), S. 41 ff.
[14] In Anlehnung an Hahn et al. (2005), S. 140
[15] Vgl. Hahn et al. (2005), S. 407

dar. Umgeben ist das komplette Sequenzdiagramm von einem **rechteckigen Rahmen**, der links oben das Kürzel sd (Sequenzdiagramm), den **Namen der Interaktion** und mögliche Parameter enthält. Die Kommunikation zwischen den Partnern erfolgt durch **asynchrone und synchrone Nachrichten**, die durch einen Strich mit Pfeil dargestellt werden.[16] Bei Ersterem wartet der Sender der Nachricht nicht auf die Fertigstellung der Verarbeitung, sondern setzt seinen Ablauf fort. Bei der synchronen Nachricht wird mit der eigenen Ausführung gewartet, bis eine Antwort vom Empfänger zurückgekommen ist. In Abbildung 4 sind die wichtigsten Notationselemente des Sequenzdiagramms dargestellt.

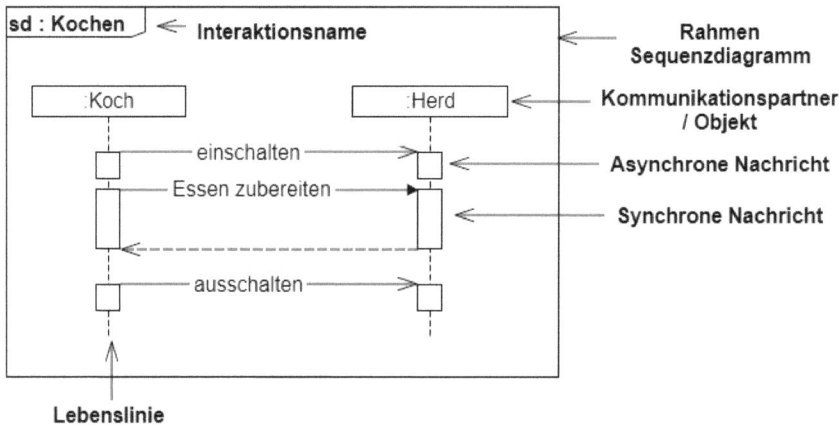

Abbildung 4: Bestandteile des Sequenzdiagramms[17]

3 Anwendung von UML im Praxisbeispiel

In folgenden Kapiteln wird das Fallbeispiel, welches in Kapitel 1.4 näher beschrieben ist, als Anwendungsfalldiagramm, Klassendiagramm und Sequenzdiagramm ausgeführt.

---

[16] Vgl. Balzert (2010), S. 35
[17] In Anlehnung an Balzert (2010), S. 35

3.1 USE-CASE-Diagramm/Anwendungsfalldiagramm

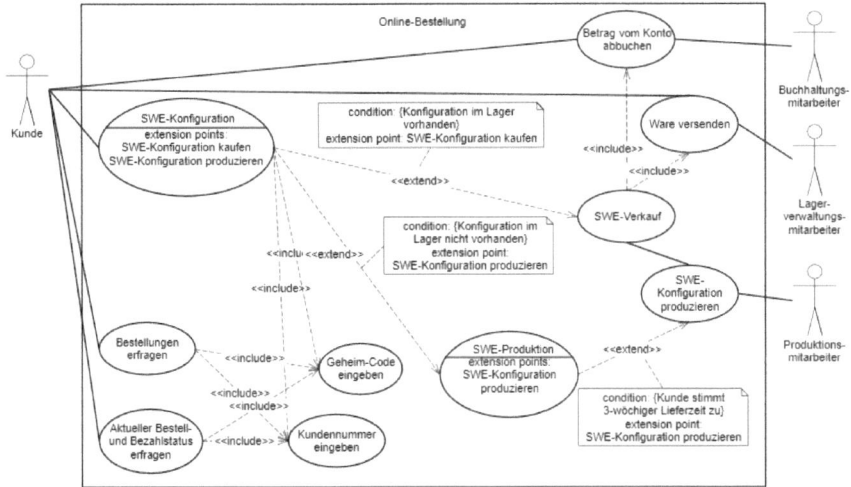

Abbildung 5: Praxisbeispiel als Anwendungsfalldiagramm

Der Bestellprozess findet innerhalb der Systemgrenzen „Online-Bestellung" statt. Nachdem der Akteur „Kunde" seine gewünschte SWE-Konfiguration zusammengestellt hat, muss er zwingend seine Kundennummer und den Geheim-Code eingeben. Diese beiden Beziehungen sind daher als Enthält-Beziehung - <<include>> - definiert. Da beim Extension-Point „SWE-Konfiguration" entschieden wird, ob die Konfiguration gleich verkauft oder erst produziert werden muss, sind diese beiden Wege als Erweitert-Beziehung - <<extend>> - festgelegt. Sollte die Ware auf Lager sein, wird auf jeden Fall der Betrag vom Konto des Kunden abgebucht und die Ware versandt. Diese Assoziationen sind daher wiederum als include-Beziehung ausgelegt. Mit einbezogen sind hierbei die Akteure Lagermitarbeiter, Buchhaltungsmitarbeiter und Kunde. Ist die bestellte Konfiguration nicht auf Lager, muss diese durch den Produktionsmitarbeiter produziert werden. Dies geschieht aber nur, wenn der Kunde der Bedingung der dreiwöchigen Lieferzeit zustimmt, was daher ebenfalls in einer Erweitert-Beziehung abgebildet ist. Daraufhin erfolgt der Prozess analog zum Verkauf ab Lager. Außerdem kann der Kunde alle seine Bestellungen erfragen und den aktuellen Bestellprozess einsehen. Da hierbei wie beim Kauf der Geheim-Code und die Kundennummer eingeben werden müssen, werden die beiden Anwendungsfälle erneut verwendet.

3.2 Klassendiagramm

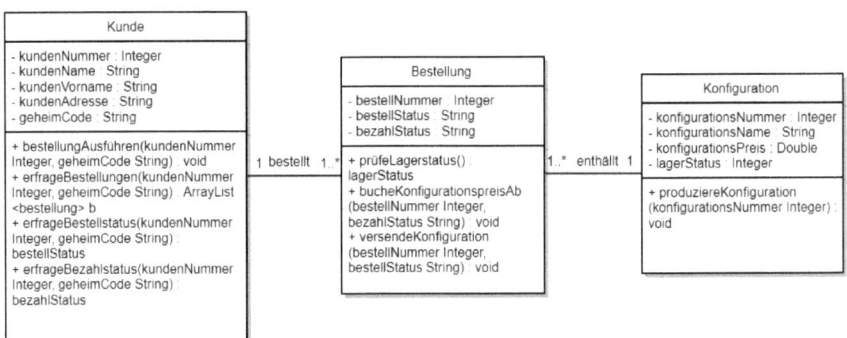

Abbildung 6: Praxisbeispiel als Klassendiagramm

Zentrale Elemente des Diagramms sind die Klassen Kunde, Bestellung und Konfiguration, welche durch Assoziationen miteinander verbunden sind. Dabei kann ein Kunde eine oder mehrere Bestellungen haben, eine Bestellung gehört aber nur zu einem Kunden (1:n-Beziehung). Eine Bestellung enthält eine SWE-Konfiguration und eine Konfiguration kann in einer oder mehreren Bestellungen verwendet werden (n:1-Beziehung). In der Klasse Kunde werden unter anderem die privaten Attribute Kundennummer und Geheimcode verwendet, welcher der öffentlichen Methode „bestellungAusführen" mitgegeben werden um den Bestellprozess einzuleiten. Durch die Methode „prüfeLagerstatus" wird daraufhin geprüft, ob die SWE-Konfiguration vorhanden und gleich durch „versendeKonfiguration" verschickt werden kann, oder ob sie erst durch die Methode „produziereKonfiguration" in der Klasse Konfiguration hergestellt werden muss, vorausgesetzt der Kunde stimmt der dreiwöchigen Lieferzeit zu. Weiter gibt die Methode „erfrageBestellungen" eine Liste der Bestellungen zurück, die der Kunde jemals getätigt hat. Über „erfrageBestellstatus" und „erfrageBezahlstatus" können außerdem Informationen zur aktuellen Bestellung durch den Kunden eingeholt werden.

3.3 Sequenzidagramm

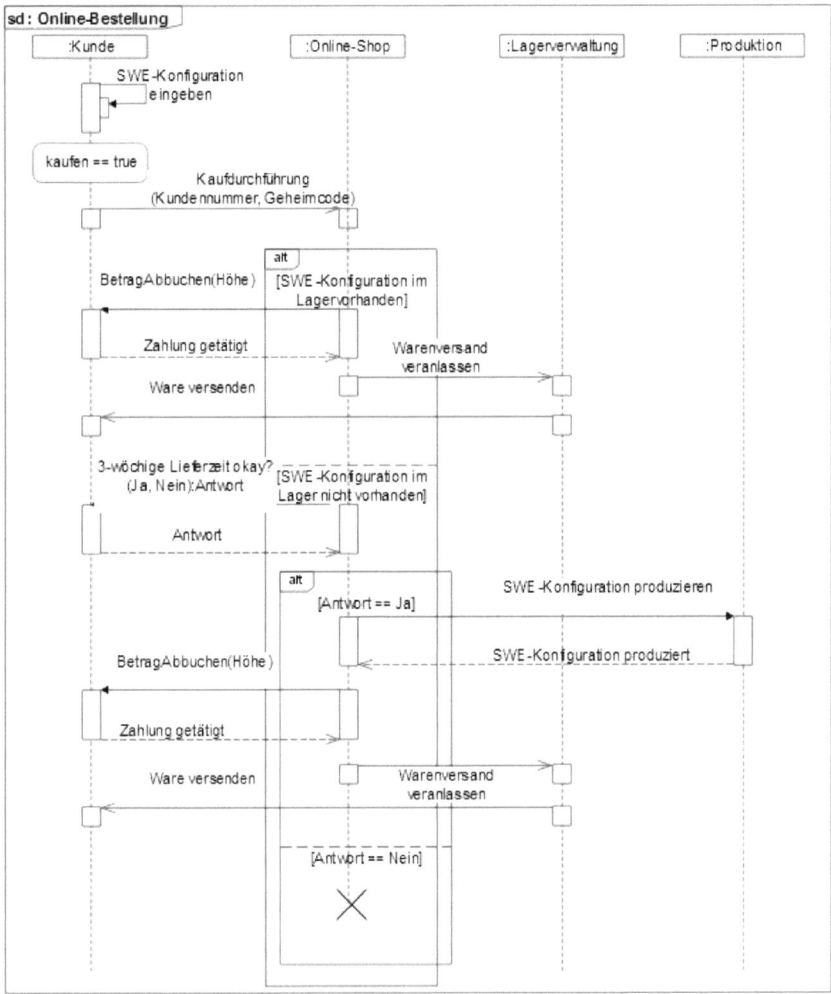

Abbildung 7: Praxisbeispiel als Sequenzdiagramm

Im Sequenzdiagramm „Online-Bestellung" sind die Kommunikationspartner Kunde, Online-Shop, Lagerverwaltung und Produktion mit ihren jeweiligen Lebenslinien einge-
zeichnet. Zu Beginn stellt sich der Kunde seine SWE-Konfiguration zusammen. Wenn

11

er die gewünschte Zusammenstellung kaufen möchte, startet die Kaufdurchführung innerhalb seiner Lebenslinie, indem eine asymmetrische Nachricht an den Online-Shop gesendet wird, die die Kundennummer und seinen Geheimcode übermittelt. Daraufhin sind zwei verschiedene Wege möglich, je nachdem ob die Konfiguration im Lager vorhanden ist oder nicht. Diese Verzweigung ist durch den Rahmen mit der Bezeichnung „alt" in der linken oberen Ecke dargestellt. Zum einen wird bei der folgenden symmetrischen Nachricht „BetragAbbuchen" der Prozess erst fortgeführt, wenn der offene Betrag für die Bestellung beglichen wurde. Daraufhin wird der Warenversand über den Kommunikationspartner Lagerverwaltung an den Kunden veranlasst. Alternativ muss beim Kunden nachgefragt werden, ob die Lieferzeit für ihn in Ordnung ist. Auch hier ist eine symmetrische Nachricht sinnvoll. Ist die Antwort des Kunden positiv, so wird zuerst die SWE-Konfiguration produziert und danach erfolgt der weitere Ablauf anlog zum vorangehenden Verkaufsprozess. Sollte der Kunde dies verneinen, so wird die Lebenslinie der Online-Shop-Sitzung durch das „X" beendet und somit der Kaufvorgang abgebrochen. Diese Entscheidungssituation ist ebenfalls als Alternativ-Möglichkeit dargestellt.

4 Rolle der Diagramme im objektorientierten Entwicklungsprozess

Da in der Softwareentwicklung eine kontinuierliche Steigerung der Abstraktionen ersichtlich wurde, hat sich seit Anfang der 1990er Jahre die Objektorientierung als Basistechnologie hierfür heraus entwickelt. Im Vergleich zu den prozeduralen Ansätzen stellt sie nicht nur eine Weiterentwicklung da, sondern begründet auch eine komplett neue Denkweise.[18] Alle drei für das Praxisbeispiel verwendeten Diagrammtypen Anwendungsfall-, Klassen- und Sequenzdiagramm besitzen Notationselemente der heutigen modernen Modellierung und sind somit aus der objektorientierten Programmierung (OOP) nicht mehr weg zu denken. Dabei wird die Grundidee der Objektorientierung umgesetzt, indem die Architektur einer Software an den Grundstrukturen desjenigen Bereichs der Wirklichkeit ausgerichtet wird, der die gegebene Anwendung betrifft. Ersichtlich sind in allen drei Variationen die Objekte der realen Welt, ihre Attribute und die anzuwendenden Methoden. So hilft jedes der drei verwendeten UML-Diagramme auf

---

[18] Vgl. Oestereich (2012), S. 16

eine andere Art und Weise den Vorgang visualisiert darzustellen, um ihn danach mit einer objektorientierten Programmiersprache in ein Softwaresystem umzusetzen.

5 Fazit

Ausgehend von der Definition und der Geschichte des Begriffs UML, wurden daraufhin die Ziele dieser Notationstechnik dargestellt. Weiter ging es mit einer Übersicht aller UML-Diagramme und einer detaillierten Beschreibung der Diagramme, die für das Praxisbeispiel verwendet wurden. In Kapitel 3 wurde das im ersten Kapitel näher dargestellte Praxisbeispiel in ein Anwendungsfalldiagramm, Klassendiagramm und Sequenzdiagramm umgesetzt. Es folgte eine Antwort auf die Frage, in wie weit die verwendeten Diagrammarten eine Rolle im objektorientierten Entwicklungsprozess spielen. Der Autor hat in der vorliegenden Arbeit als Hauptziel versucht, das beschriebene Beispiel aus der Praxis in den drei UML-Notationen visuell darzustellen. Da die Aufgabenstellung nur textuell vorlag, konnten nicht alle weiteren Einflussfaktoren und Schnittstellen, die es in der realen Welt gibt, in den Darstellungen umgesetzt werden. Hierfür ist eine intensive Aufnahme der Vorgänge mit allen Beteiligten des Projekts vor Ort notwendig, damit die UML-Diagramme als Ausgangsbasis für ein erfolgreiches Softwaresystem dienen können. Außerdem sollte die Aufgabenstellung in einer anderen UML-Notation wie beispielsweiße dem Aktivitätsdiagramm umgesetzt werden, um das Verständnis bei den Programmierern für die Problematik zu erhöhen. Abschließend ist festzustellen, dass sich die UML seit Jahren für die Visualisierung des objektorientierten Ansatzes bewährt hat und der Umfang der Sprache in den neuen Versionen ständig erweitert wird, so dass auch in Zukunft mit einer starken Verbreitung dieser Modellierungssprache zu rechnen ist.

Literaturverzeichnis

Buchquellen

Balzert, H. (2010): UML 2 kompakt – mit Checklisten, Spektrum Akademischer Verlag, Heidelberg

Grechenig, T.; Köhle, M.; Zuser, W. (2004): Software Engineering mit UML und dem Unified Process, Pearson Studium, München

Kecher, C. (2009): UML2 – Das umfassende Handbuch, Galileo Press, Bonn

Oestereich, B. (2012): Analyse und Design mit der UML 2.5, Oldenbourg, München

Oestereich, B.; Weiss, C.; Schröder, C.; Weilkiens, T.; Lenhard, A. (2004): Objektorientierte Geschäftsprozessmodellierung mit der UML, dpunkt, Heidelberg

Hahn, J.; Jeckle, M.; Rupp, C.; Queins, S.; Zengler, B. (2005): UML 2 glasklar – Praxiswissen für die UML-Modellierung und -Zertifizierung, Hanser, München

Rumpe, B. (2004): Modellierung mit UML – Sprache, Konzepte und Methodik, Springer, Berlin